HAUSTIERE FÜR KINDER

KANINCHEN

Mark Evans

Tierarzt

Übersetzt und bearbeitet von Katharina Georgi

Herold Verlag

Herold Verlag

Projektleitung Liza Bruml
Bildredaktion Jane Coney
Lektorat Miriam Farbey
Gestaltung Rebecca Johns
Fotos Steve Shott
Illustrationen Malcolm McGregor

Übersetzt und bearbeitet von Katharina Georgi

Anmerkung für Eltern:
Dieses Buch zeigt Ihrem Kind, wie es verantwortlich und liebevoll mit seinem Haustier umgehen soll. Aber denken Sie bitte daran, dass es Ihre Hilfe und Unterstützung braucht, um täglich für sein Tier zu sorgen. Schenken Sie Ihrem Kind kein Kaninchen, wenn Sie nicht sicher sind, dass Ihre Familie genügend Zeit und Fürsorge aufbringen kann, um sich angemessen um das Tier zu kümmern – sein ganzes Leben lang.

© 1993 und 1999 Middelhauve Verlags GmbH
für Herold Verlag, D-81675 München
Alle Rechte vorbehalten,
auch die des auszugsweisen Abdrucks,
gleich welcher Medien
[DK] Ein Dorling Kindersley Buch
Originaltitel: How to Look after Your Pet: Rabbit
© 1992 by Dorling Kindersley Limited, London

Alle Rechte der Vervielfältigung und Verarbeitung einschließlich Film, Funk und Fernsehen sowie der Fotokopie, Mikrokopie und der Verarbeitung mit Hilfe der EDV vorbehalten. Auch auszugsweise Veröffentlichungen außerhalb der engen Grenzen des Urheberrechts- und Verlagsgesetzes bedürfen der schriftlichen Zustimmung des Verlages

Druck und Bindung: Artes Gráficas Toledo, S.A.
D.L. TO: 1445-1999

ISBN 3-7767-0588-4

Bildernachweis: Paul Bricknell S. 7, S. 8, S. 9, S. 18, S. 41, S. 44, Rückseite; Philip Dowell S. 24; Oxford Scientific Films/Eyal Bartov S. 13; Tim Shepherd S. 12-13

Inhalt

8
Einführung

10
Was ist ein Kaninchen?

12
Leben in der Wildnis

14
Alle Formen und Größen

16
Das Kaninchenhaus

18
Nötige Ausrüstung

20
Kaninchenwahl

22
Willkommen zu Hause

24
Fütterung des Kaninchens

26
Frisches Futter

28
Säubern des Stalls

30
Fellpflege

32
Die Kaninchensprache

34
Kaninchenfreunde

36
Das Wohnungskaninchen

38
Das Kaninchen im Freien

40
Kaninchennachwuchs

42
Gesundheitsvorsorge

44
Besuch beim Tierarzt

45
Mein Kaninchen

45
Register

Einführung

Um ein guter Kaninchenbesitzer zu werden, muss man zuerst einmal das richtige Kaninchen auswählen und einen geeigneten Stall. Kurzhaarkaninchen sind am leichtesten zu pflegen. Wenn du ein großes Tier bekommst, brauchst du viel Platz dafür. Kaninchen sind gesellige Tiere, aber da sie mit Artgenossen kämpfen können, wirst du der beste Freund für dein Haustier sein. Du musst dich jeden Tag um dein Kaninchen kümmern. Nicht nur am Anfang, sondern ein ganzes Kaninchenleben lang – das sind ungefähr sechs Jahre.

Einkaufskorb mit Dingen, die du benötigen wirst

Wie du lernst, dein Kaninchen zu verstehen

Du solltest versuchen, dein Kaninchen gut kennen zu lernen. Wenn du sanft mit ihm umgehst und viel mit ihm sprichst, wird es dir schon bald vertrauen. Beobachte dein Haustier sorgfältig. Nach kurzer Zeit wirst du verstehen, was es dir mit seinen Tönen und Bewegungen sagen will.

Aufgestellte Kaninchenohren, die auf Geräusche lauschen

So sorgst du für dein Kaninchen

Du wirst nur dann der beste Freund deines Kaninchens, wenn du dich ständig um es kümmerst. Du musst dafür sorgen, dass es das richtige Futter frisst, immer Wasser hat und jeden Tag genügend Bewegung bekommt. Außerdem musst du es regelmäßig bürsten und seinen Stall sauber halten.

Bürste dein Kaninchen möglichst jeden Tag

Füttere dein Kaninchen aus der Hand, damit es dich kennen lernt.

Kaninchenspiele

Dein Kaninchen ist gerne beschäftigt. Wenn du jeden Tag mit ihm spielst, wird jeder merken, dass du dich gut um dein Kaninchen kümmerst.

Du musst regelmäßig mit deinem Kaninchen zum Tierarzt gehen

Menschen, die helfen können

Die besten Kaninchenbesitzer versuchen stets, mehr über ihr Tier herauszufinden. Der Tierarzt wird feststellen, ob dein Kaninchen gesund ist. Du kannst ihn fragen, wie du am besten für die Gesundheit deines Kaninchens sorgen kannst.

Ein neues Familienmitglied

Dein Kaninchen wird ein besonderes Mitglied deiner Familie werden. Jeder wird es streicheln und ihm bei seinen Unternehmungen zusehen wollen. Dein Kaninchen kann sogar mit einigen deiner anderen Tiere Freundschaft schließen. Du kannst es auch mit deinen Freunden bekannt machen, die Tiere mögen.

Das solltest du dir merken!

Wenn du ein Kaninchen hast, solltest du einige wichtige Regeln beachten:

- Wasch dir nach jeder Beschäftigung mit deinem Kaninchen und nach dem Säubern seines Stalls die Hände.
- Küsse dein Kaninchen nicht.
- Füttere dein Haustier nicht von deinem Teller.
- Wenn sich dein Kaninchen versteckt oder schläft, störe es nicht.
- Ärgere dein Kaninchen nicht.
- Pass auf, wenn dein Kaninchen mit anderen Haustieren zusammen ist.
- Schlage dein Kaninchen niemals.

Frage einen Erwachsenen

⇪ Bei diesem Zeichen solltest du einen Erwachsenen um Hilfe bitten.

Dein Kaninchen gehört zur Familie

Was ist ein Kaninchen?

Kaninchen gehören zur Familie der Hasen. Alle Hasen haben zwei Reihen vorstehender Nagezähne. Sie wachsen ununterbrochen und werden zum Nagen benutzt. Die Hasen gehören zu den Säugetieren. Säugetiere sind Warmblüter und fast alle haben Haare. Wenn sie klein sind, trinken sie bei ihrer Mutter Milch.

Leben auf vier Beinen
Jeder Körperteil deines Kaninchens hat seine ganz besondere Aufgabe. Das Fell wärmt es und hält Wasser von seiner Haut fern. Dein Kaninchen hat weiche Haarpolster unter seinen Füßen. Diese schützen seine Zehenknochen und geben seinen Pfoten besseren Halt, wenn es herumspringt.

Weiche große Ohren

Nase mit empfindlichen Tasthaaren

Große Hinterbeine

Kleine Vorderbeine

Scharfe Vorderzähne

Behaarter Stummelschwanz

Brustwarze

Weiches Fell auf dem Bauch

Afterkralle an der Vorderpfote

Langes Hinterbein

Dein Kaninchen von unten
Betrachte den Bauch deines Kaninchens und du wirst seinen flachen Bauchnabel entdecken. Zähle die Brustwarzen. Einige Kaninchen haben acht, andere zehn. Wenn ein Kaninchen Mutter wird, saugen die Jungen daraus die Milch.

Aufrecht stehendes Ohr

Länge Augenbrauen dienen der Orientierung.

Die Tasthaare spüren Gefahren

Die Nase nimmt auch schwache Gerüche wahr

Im großen Mund ist Platz für 28 Zähne

Eingefettetes Fell hält das Kaninchen trocken

Kraftvolle Hinterbeine schlagen aus

Der lange Rücken streckt sich

Die Vorderbeine fangen den Stoß ab

Metallring mit Informationen über das Kaninchen

Der weiche Stummelschwanz heißt Blume

Immer wachsam
Dein Kaninchen hat sehr feine Sinne. Seine bewegliche Nase nimmt auch die schwächsten Gerüche wahr. Seine großen Ohren können sich in jede Richtung drehen, um Geräusche aufzufangen. Es kann viel besser als du im Dämmerlicht sehen.

Im vollen Flug
Dein Kaninchen bewegt sich sehr schnell in Sprüngen und Sätzen. Du kannst seine langen Hinterbeine sehen, wenn es herumspringt. Starke Muskeln verleihen ihnen Kraft. Die kurzen Vorderbeine sorgen fürs Gleichgewicht.

Schau dein Kaninchen genauer an

Die Nagezähne sind sehr groß - sie zerkleinern hartes Futter

Scharfe Krallen an den Vorderpfoten werden zum Graben benutzt

Vier Krallen an den Hinterpfoten sind nützlich zum Kratzen und für die Fellpflege

Der weiße Stummelschwanz wird in die Luft gestreckt, um andere Kaninchen vor Gefahr zu warnen

Leben in der Wildnis

Wildkaninchen leben in einem Kaninchenbau in Gruppen zusammen. Ein Kaninchenbau hat unterirdische Räume, die von den Weibchen gegraben werden. Sie sind durch enge Tunnel verbunden. Einige werden zum Schlafen benutzt. Andere, die Nester, sind mit Fell ausgelegt und dienen den Jungen als Kinderstube. Die weiblichen Kaninchen in einem Kaninchenbau haben eine Anführerin.

Höhleneingang, groß genug für ein Kaninchen

Kaninchen grast im Freien

Ein langer Tunnel führt hinunter zum Nest

Kaninchen bleiben in der Nähe ihres Baus, falls Gefahr droht

Wildkaninchen haben einen grau gesprenkelten Pelz

Mutterkaninchen im Nest, das sie für ihre Jungen gegraben hat

Nest mit Gras und Haaren gepolstert

Leben im Kaninchenbau

Weibliche Kaninchen graben den Kaninchenbau mit ihren Vorderpfoten. Mit ihren kräftigen Hinterbeinen schieben sie die Erde weg. Kaninchen schlafen tagsüber in ihrem Bau und grasen in der Morgendämmerung und bei Einbruch der Dunkelheit, denn dann können ihre Feinde sie nicht sehen.

Mutiger Rammler sitzt auf dem Bau und hält nach Gefahren Ausschau

Junges Kaninchen knabbert an einer Wurzel

Brauner Hase

Sehr lange Ohren hören alle gefährlichen Geräusche

Langohr

Kaninchen und Hasen scheinen genau gleich auszusehen. Aber Hasen haben größere Ohren, und mit ihren langen Beinen können sie schneller laufen als Kaninchen. Hasen graben sich keinen Bau zum Wohnen. Sie leben allein in flachen Löchern, die sie in den Boden graben. Diese nennt man Sassen.

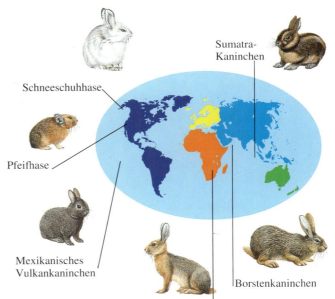

Schneeschuhhase

Sumatra-Kaninchen

Pfeifhase

Mexikanisches Vulkankaninchen

Afrikanischer Savannenhase

Borstenkaninchen

Über die ganze Erde verstreut

Zahme Kaninchen gehören zur Familie der Hasen. Alle Hasen sind Mitglieder der Tierordnung der Hasentiere. Diese Gruppe schließt viele verschiedene Sorten Hasen, Kaninchen und Pfeifhasen ein. Hasentiere leben auf vielen verschiedenen Erdteilen.

Alle Formen und Größen

Vor langer Zeit hielten französische Mönche Wildkaninchen in ummauerten Gärten. Sie stellten fest, dass einige Kaninchen mit verschiedenen Merkmalen geboren wurden – langes zottiges Fell oder gemustertes Fell. Die Mönche bestimmten, welche Kaninchen Junge haben sollten, und züchteten so verschiedene Typen oder Rassen.

Sehr kleine, spitze Ohren
Loh-Kaninchen

Langes Ohr mit schwarzer Spitze
Belgischer Hase

Englischer Widder

Schmaler Kopf
Flache Nase
Breiter Kopf
Deutscher Widder

Lange dünne Nase
Hasenkaninchen

Gesichtsformen
Ein Kaninchenkopf kann schmal und spitz sein oder breit und flach. Männliche Kaninchen haben etwas breitere Köpfe als die weiblichen. Die Gesichter einiger Kaninchenrassen mit Hängeohren sind so flach, dass sie wie gequetscht aussehen.

Hängende oder stehende Ohren
Die meisten Kaninchenrassen haben stehende Ohren. Sie können groß oder klein sein. Manchmal sind sie fast so groß wie Hasenohren. Andere Kaninchenrassen haben große Hängeohren, die sogar am Boden schleifen können. Sie hören jedoch nicht so gut wie Kaninchen mit stehenden Ohren.

Klein, mittel, groß
Wildkaninchen sind alle ungefähr gleich groß. Zahme Kaninchen können sehr klein sein oder sehr groß. Die kleinsten werden Zwergkaninchen genannt. Einige große Sorten heißen Riesen. Finde heraus, wie groß das Kaninchen, das dir gefällt, werden wird.

Kleines Kaninchen mit dunklen Ohren
Russenkaninchen

Große Ohren bei einem kleinen Kaninchen
Rex-Zwergkaninchen

Mittelgroßes schlankes Kaninchen
Englischer Widder

Größte Kaninchenrass
Riesenkaninchen

Glänzendes Fell

Dickes Fell wie Plüsch

Weiches kurzes Fell ist wasserfest

Normales Fell

Samtfell

Kurzhaariges Rex

Langes flauschiges Fell

Sehr langes, seidiges Fell

Kaschmir

Angora

Felltypen

Es gibt verschiedene Fellsorten. Einige Kaninchen haben ein weiches samtiges Fell. Andere, die Rex-Kaninchen, haben kurzes Fell. Angora- und Kaschmirkaninchen haben langes feines Fell, das leicht verfilzt. Die Tiere können es nicht selbst sauber halten, deshalb müssen sie regelmäßig gebürstet werden.

Farbenfrohes Fell

Wildkaninchen haben ein gesprenkeltes Fell, es heißt wildfarbig. Hauskaninchen können so ein Fell haben oder sie können einfarbig sein, zum Beispiel weiß, schwarz, grau oder schokoladebraun. Einige Hauskaninchen haben ein gemustertes Fell in zwei oder mehr Farben. Sie können Flecken, Tupfen oder Streifen haben.

Braunes und gelbrotes Fell

Dreifarbiger Holländer

Weißer Kragen

Weißer Neuseeländer

Einheitlich weißes Fell

Braunes Gesicht

Weiße Brust

Zweifarbiger Französischer Widder

Kleine Rassenlehre

Zwei gleichrassige Kaninchen bekommen ein Junges derselben Rasse

Das Kaninchenkind sieht wie seine Eltern aus

Zwei verschiedenrassige Kaninchen bekommen einen Mischling oder eine Kreuzung

Das Kaninchenkind sieht ein bisschen wie beide Eltern aus

Zwei Kreuzungen können Kinder fast jeden Aussehens bekommen

Dies Junge ist ein richtiger Mischling

Das Kaninchenhaus

Bevor du ein Kaninchen kaufst, musst du einen Stall für dein Haustier haben. Kaninchen sind sehr lebhaft, deshalb muss der Stall groß genug sein. Stelle ihn an einen geschützten Platz, wo andere Tiere nicht hinkommen. Denke daran, dir einen Vorrat an Kaninchenfutter anzulegen (s. S. 24). Außerdem benötigst du Streu und ein paar andere Dinge.

Überstehendes Dach als Regenschutz

Schräges Dach, damit der Regen ablaufen kann

Geschützter Platz zum Schlafen und Verstecken

Massive Tür hält den Raum warm

Miss die Stallgröße ab

Papier
Du brauchst ein paar große Papierbögen, um den Boden des Stalls damit auszulegen. Altes Zeichenpapier (keine Zeitungen!) ist dafür gut geeignet.

Stalleinrichtung
Kaufe Holzspäne, um den Boden damit zu bedecken. Sie saugen den Urin auf. Kaufe Stroh für das Kaninchennest. Besorge frisches trockenes Heu als Futter für dein Kaninchen.

Holzspäne

Heu

Stroh

Apfelbaumast

Futterraufe
Kaufe eine Futterraufe, die du an der Stalltür anbringst. Dein Kaninchen kann das Heu herausziehen. In der Raufe bleibt das Heu sauber, denn dein Kaninchen kann nicht darauf herumlaufen.

Ast zum Nagen
Suche einen kleinen Baumast zum Nagen für dein Kaninchen. Nagen hält seine Zähne gesund und kurz. Am besten ist ein Obstbaumast.

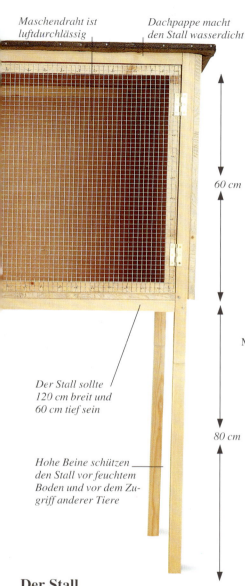

Maschendraht ist luftdurchlässig

Dachpappe macht den Stall wasserdicht

60 cm

Der Stall sollte 120 cm breit und 60 cm tief sein

80 cm

Hohe Beine schützen den Stall vor feuchtem Boden und vor dem Zugriff anderer Tiere

Napf
Kaufe einen großen Futternapf. Er sollte nicht aus Plastik sein, denn dein Kaninchen könnte ihn annagen.

Ein Keramiknapf steht stabiler

Futtervorrat
Du brauchst einen Behälter, in dem du das Kaninchenfutter aufbewahrst.

Luftdichte Dose hält das Futter frisch

Wassertränke
Kaufe eine Wasserflasche mit einer Röhre. Aus dieser Röhre fließt das Wasser, wenn dein Kaninchen an ihrem Ende saugt.

Metallröhre

Salzleckstein
Kaninchen brauchen Mineralsalze. Kaufe einen Salzleckstein.

Wo sollte der Stall stehen?

Sorge dafür, dass weder Katzen noch andere Tiere in den Stall gelangen können

Schütze den Stall vor greller Sonne

Schütze den Stall vor Wind und Regen

Dein Kaninchen wird erfrieren, wenn du es in der Kälte lässt

Stelle den Stall an einen Ort, wo du oft danach schauen kannst

Der Stall
Schau dir die Maße im Bild genau an. Dieser Stall ist gerade groß genug für ein kleines Kaninchen. Wenn du zwei Kaninchen bekommst oder ein großes, sollte der Stall größer sein. Alle Ställe müssen zwei Räume haben. Der größere davon ist das Wohnzimmer, der kleinere das Schlafzimmer.

Zimmerkäfig
Du kannst dein Kaninchen auch im Haus halten. Es braucht einen kleinen Käfig zum Schlafen. Er muss groß genug sein, dass sich dein Kaninchen darin ausstrecken und bequem auf der Seite liegen kann.

Nötige Ausrüstung

Du benötigst eine spezielle Ausrüstung für dein neues Haustier. Sie muss nicht teuer, aber von guter Qualität sein, denn Kaninchen fressen alles an, was sie finden können. Sorge dafür, dass alles bereit ist, bevor du dein Kaninchen nach Hause holst.

Atemlöcher, damit dein Kaninchen Luft bekommt

Tragebox
Frage in der Tierhandlung nach einem Karton, in dem du dein Kaninchen tragen kannst.

Waagschale mit Papier auslegen

Gut haltende Verschlusssicherung

Drahtkäfig
Du kannst einen stabilen Drahtkäfig für dein Kaninchen kaufen. Er wird länger halten als ein Pappkarton.

Waage
Du musst dein Kaninchen ab und zu wiegen, um festzustellen, ob es gesund ist. Besorge dir eine Küchenwaage für ein junges oder kleines Kaninchen. Nimm eine Personenwaage für ein größeres Kaninchen.

Abgerundete Zinken sind besser

Pflegeausrüstung
Das Fell deines Kaninchens kann sich verfilzen. Kaufe eine kleine, weiche Bürste und einen feinen Kamm, um dein Haustier sauber und schön zu halten.

Bürste   Kamm

Fest sitzender Deckel hält die Streu frisch

Plastikbehälter

Schaufel

Müllbeutel

Ausrüstung fürs Haus
Wenn du dein Kaninchen in der Wohnung hältst, wird es eine Kiste als Klo benutzen. Kaufe eine Vorratstonne für die Streu, Müllbeutel und eine Schaufel, um die Kiste zu füllen und zu säubern.

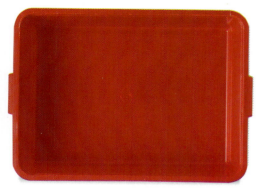

Katzenstreu Stroh Holzspäne Gartenerde

Kaninchenklo

Kaninchenklo
Ein Katzenklo hat genau die richtige Größe für dein Kaninchen. Probiere verschiedene Einstreu aus, um herauszufinden, welche dein Kaninchen bevorzugt.

Auslauf im Freien
Kaufe oder baue einen versetzbaren Freiauslauf, damit dein Kaninchen herumrennen und Gras fressen kann. Der Auslauf muss einen überdachten Teil haben, damit sich dein Kaninchen vor der Sonne in Sicherheit bringen oder verstecken kann, wenn es sich fürchtet.

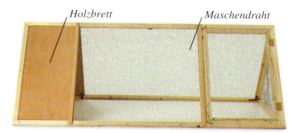
Holzbrett *Maschendraht*

Reinigungsmittel Desinfektionsmittel Eimer Scheuerbürste Schaufel Besen

Spachtel Gummihandschuhe Flaschenbürste Tüllenbürste

Reinigungshilfen
Um den Stall deines Kaninchens zu säubern, brauchst du ein paar besondere Dinge. Benutze niemals Gegenstände, die zur Säuberung der Wohnung dienen. Falls du ein Desinfektionsmittel brauchst, frage deinen Tierarzt nach einem geeigneten. Hebe deine Reinigungsausrüstung an einem besonderen Platz auf, damit sie nicht für irgendetwas anderes verwendet wird.

Kaninchenwahl

Du kannst dir ein Kaninchen aus einem Wurf aussuchen, wenn es sechs Wochen alt ist. Die Kleinen sehen so niedlich aus, dass du vermutlich alle haben möchtest. Aber nimm nur dann mehr als ein Kaninchen, wenn der Stall groß genug ist (s. S. 17). Wenn du genug Platz für zwei hast, wähle zwei Häsinnen aus, denn zwei Rammler werden miteinander kämpfen.

Kaninchenjunges

Schönes erwachsenes Kaninchen

Kaninchenkind oder Erwachsenes?
Man verliebt sich leicht in ein winziges Kaninchenkind. Aber denke daran, dass auch ein kleines Kaninchen bald ausgewachsen sein wird. Ein erwachsenes Kaninchen kann genauso niedlich sein.

Groß oder klein?
Finde heraus, wie groß das Kaninchen werden wird, das du gerne möchtest. Einige Kaninchenarten werden sehr groß und brauchen einen sehr großen Stall.

Wo bekommt man ein Kaninchen?
- Das Kaninchen eines Freundes hat Junge.
- Ein Züchter hat Rassekaninchen.
- Ein Tierheim hat alle möglichen Arten von Kaninchen, die ein Zuhause brauchen.

1 Wenn du dir ein junges Kaninchen aussuchst, beobachte den Wurf zusammen mit dem Besitzer. Versuche, das verspielteste Kaninchen zu entdecken. Störe die Jungen nicht.

Deute auf das Kaninchen, das du haben möchtest

Der Besitzer begleitet dich zu den jungen Kaninchen

Kaninchen schaut sich neugierig um

Mutiges Kaninchen beschnuppert den Boden

2 **Bitte den Besitzer,** dir das Kaninchen, das du dir ausgesucht hast, herauszuholen. Frage, ob es ein Männchen oder ein Weibchen ist. Denke daran, weibliche Tiere auszuwählen, wenn du zwei Kaninchen halten willst. Vergewissere dich, dass das Kaninchen nicht bereits von jemand anderem ausgesucht wurde.

Die hungrige Kaninchenmutter knabbert an einer Möhre

Der Besitzer hält dein Lieblingskaninchen auf dem Schoß

3 **Der Besitzer wird dir erlauben,** das Kaninchen zu halten. Dafür setzt du dich am besten hin. Nimm das Kaninchen auf den Schoß, dann fühlt es sich sicher. Es sollte ein freundliches Tier sein. Jetzt kannst du herausfinden, ob du es wirklich haben möchtest.

Die Kaninchenmutter hebt lauschend den Kopf

Drehe das Kaninchen auf den Rücken, um sein Bauchfell anzuschauen

Tragebox, um dein Kaninchen nach Hause zu bringen

Streichle sanft die Ohren des Kaninchens

Eine Hand hält das Kaninchen fest

4 **Prüfe, ob das Kaninchen gesund ist.** Lass dir zeigen, wie man das Tier hochhebt. Das Kaninchen sollte klare Augen, eine saubere Nase und saubere Ohren haben. Das Fell sollte überall trocken und weich sein. Denke daran, die versteckten Plätze zu kontrollieren, wie zum Beispiel unter dem Stummelschwanz.

Mach die Gesundheitskontrolle im Sitzen

Willkommen zu Hause

Dein Kaninchen fürchtet sich vielleicht, wenn es seine Mutter verlassen muss. Du solltest den Stall vorbereitet haben, damit sich dein Haustier gleich an seine neue Umgebung gewöhnen kann. Bedecke den Boden mit Papier und Holzspänen. Streue viel Stroh in den Schlafraum und ein bisschen in den Wohnraum. Fülle die Futterraufe, den Futternapf und die Wasserflasche. Vergiss auch nicht den Ast zum Nagen.

Der Tierarzt hört den Herzschlag des Kaninchens durch sein Stethoskop

Besuch beim Tierarzt
Vereinbare einen Termin und gehe mit deinem Kaninchen zum Tierarzt, wenn du es abgeholt hast. Er wird dein Tier untersuchen und nachsehen, ob es gesund ist. Der Tierarzt kann dir alle deine Fragen beantworten.

Der Tierarzt stellt das Geschlecht fest

Rammler

Häsin

Befestige die Wassertränke an der Tür

Hänge den Salzleckstein an die Maschendrahttür

Bedecke den Boden mit Holzspänen

Rammler oder Häsin?
Wenn ein Kaninchen noch sehr jung ist, sieht man nicht leicht, ob es ein weibliches oder ein männliches Tier ist. Bitte den Tierarzt, das festzustellen, damit du sicher sein kannst, dass es das Geschlecht hat, das du wolltest.

Männlich und weiblich
Diese beiden Bilder werden dir helfen, das Geschlecht deines Kaninchens selbst zu bestimmen. Schau zwischen den Hinterbeinen nach.

So hebst du dein Tier hoch
Kleine Kaninchen kann man leichter hochheben als große (s. S. 31). Um ein kleines Kaninchen hochzuheben, lege eine Hand in seinen Nacken und die andere unter seinen Bauch. Dann hebe es hoch.

Ziehe es nicht an den Ohren

Halte dein Kaninchen nah an deinem Körper

Die ersten Tage mit deinem Kaninchen
1. Tag: Setze dein Kaninchen in seinen Stall. Beobachte das Tier, aber störe es nicht.
2. Tag: Vielleicht versteckt sich dein Kaninchen unter dem Stroh. Sprich mit ihm, damit es sich an deine Stimme gewöhnt.
3.-5. Tag: Füttere dein Kaninchen aus der Hand. Streichle es und versuche, es hochzuheben.
6.-14. Tag: Streichle und bürste dein Kaninchen. Mache es mit deinen anderen Tieren bekannt (s. S. 35).
Nach 2 Wochen: Spiele jeden Tag mit deinem Kaninchen. Lass es hinaus in sein Freigehege.

Das neue Zuhause deines Kaninchens
Hebe dein Kaninchen vorsichtig aus seiner Tragebox und setze es in den Stall. Schließe die Türen, damit es sein neues Zuhause ungestört entdecken kann. Schau ab und zu nach, ob sich dein Kaninchen wohl fühlt.

Fülle das Gestell mit frischem Heu

Streue ein bisschen Stroh in den Wohnraum

Riegel zum Verschließen der Tür

Fütterung des Kaninchens

Kaninchen sind Pflanzenfresser, das heißt, sie fressen nur Salat und Gemüse. Wildkaninchen ernähren sich von Samen, Wurzeln und Wildgräsern. Damit dein Kaninchen gesund bleibt, musst du ihm ähnliches Futter geben. Am besten fütterst du es mit speziellem Kaninchenfutter. Du kannst dein Kaninchen ab und zu auch Gras und Kräuter im Freien fressen lassen (s. S. 38).

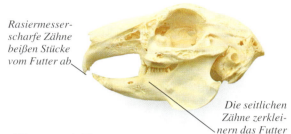

Rasiermesserscharfe Zähne beißen Stücke vom Futter ab

Die seitlichen Zähne zerkleinern das Futter

Kauspezialist
Kaninchenfutter muss gut gekaut werden. Zähne und Mund eines Kaninchens sind besonders gut geeignet zum Beißen und Kauen. Während das Futter im Mund zerkleinert wird, wird es mit Speichel gemischt.

Den ganzen Tag fressen
Gras und einige Wildpflanzen sind die bevorzugte Nahrung der Kaninchen. Sie müssen sehr viel Grünzeug fressen, um satt zu werden. Normalerweise wird dein Kaninchen viele Stunden am Tag mit Fressen verbringen.

Trockenfutter

In der Futterraufe bleibt das Heu sauber

Heu

Spezialfutter
Auch wenn dein Kaninchen im Freien Gras frisst, musst du ihm zusätzlich anderes Futter geben. Es mag sehr gerne Heu, also getrocknetes Gras. Außerdem musst du spezielles Kaninchenfutter kaufen, eine Mischung aus getrockneten Pflanzen, Samen und Gemüse.

Dein Kaninchen frisst fast den ganzen Tag

Futterzeiten
Füttere dein Kaninchen jeden Morgen und jeden Abend. Trockenfutter sollte immer bereitstehen. Dein Kaninchen wird sich damit keine Vorratslager anlegen, wie es Eichhörnchen oder Hamster tun.

Fressen des Kots

Mach dir keine Sorgen, wenn du beobachtest, dass dein Kaninchen seine eigenen Hasenböhnchen frisst – alle Kaninchen tun das. Der Magen deines Kaninchens kann dem Futter beim ersten Mal noch nicht alle nötigen Inhaltsstoffe entnehmen. Deshalb produziert dein Kaninchen weiche Hasenböhnchen, die es sofort wieder frisst.

Frisches Wasser

Wildkaninchen bekommen genügend Wasser von dem Frischfutter, das sie fressen. Dein Kaninchen frisst sehr viel Trockenfutter, deshalb musst du dafür sorgen, dass es stets genügend Wasser hat.

Schraube den Deckel fest zu

In der Spitze der Röhre ist eine kleine Kugel, die das Wasser nur herauslässt, wenn sie beim Trinken weggeschoben wird

Frisches Wasser

Fülle den Futternapf jeden Morgen und jeden Abend auf

Ein Aststück vom Apfelbaum ist am besten

Zahnpflege

Die Zähne deines Kaninchens wachsen ständig. Wildkaninchen fressen viel hartes Futter, so werden die Zähne immer gekürzt. Gib deinem Kaninchen ein Stück hartes Holz zum Nagen, damit seine Zähne nicht zu lang werden.

Die richtige Futtermenge

Wenn du dein Kaninchen fütterst, fülle seinen Napf bis zum Rand. Dein Kaninchen frisst nur so viel, wie es braucht. Wenn es genug Auslauf und Bewegung hat, wird es nicht dick werden.

Frisches Futter

Gemüse und Frischobst stecken voller Vitamine. Du kannst deinem Kaninchen Gemüsereste, Salat und Obst aus der Küche geben. Du kannst auch wilde Pflanzen sammeln. Aber sei vorsichtig! Einige Pflanzen sind giftig. Gib deinem Kaninchen nur eine Hand voll Frischfutter jeden Tag, denn zu viel kann Bauchweh verursachen.

Hirtentäschelkraut

Sternmiere

Löwenzahn

Klee

Wegerich

Wildpflanzen
Diese Pflanzen sind alle als Futter für dein Kaninchen geeignet. Versuche, jeden zweiten Tag ein bisschen davon zu finden. Außerdem kannst du dein Kaninchen im Freien frisches Gras fressen lassen (s. S. 38).

Verstecktes Futter
Nach Futter zu suchen, ist ein schönes Spiel für dein Kaninchen. Ein Heuhaufen oder ein Erdhügel sind gute Verstecke. Dein Kaninchen kann frisches Futter riechen und es ist ein Meister im Ausgraben.

Erdhügel zum Graben

🌿 Das Futter muss frisch sein!
Frische Pflanzen, Obst und Gemüse werden schnell alt. Wirf dieses Futter weg, wenn es bis zum Abend nicht gefressen wurde. Gib deinem Kaninchen niemals frisch gemähtes Gras, denn das schimmelt schnell.

Lieblingsfrüchte

Gib deinem Kaninchen jeden Tag etwas frisches Obst, zum Beispiel ein Stück Apfel oder Tomate oder einen schmalen Schnitz Melone. Wasche das Obst, bevor du es deinem Kaninchen gibst.

Apfel

Grüne Tomaten

Birne

Tomaten

Melone

Gemüse-Leckerbissen

Gib deinem Kaninchen jeden Tag eine Hand voll gewaschenes Gemüse. Suche nach Gemüseresten in der Küche. Du kannst auch euren Gemüsehändler nach geeigneten Abfällen fragen. Aber sorge immer dafür, dass sie frisch sind.

Grünkohl

Stangensellerie

Erbsen

Steckrübe

Kohl

Alfalfasprossen

Rübe

Salat

Rosenkohl

Blumenkohl

Spinat

Chicorée

Möhren

Pastinake

Gurke

Säubern des Stalls

Dein Kaninchen liebt ein sauberes Zuhause. Wenn der Stall schmutzig wird, beginnt es zu riechen und dein Kaninchen wird krank. Du solltest jeden Tag den Stall säubern und Futternapf und Trinkflasche auswaschen. Wenn du damit fertig bist, lege den Stall mit neuem Papier, frischem Stroh, Holzspänen und Heu aus. Vergewissere dich, dass Futternapf, Futterraufe und Wasserflasche gefüllt sind. Schrubbe den Stall einmal in der Woche gründlich.

1 Setze dein Kaninchen in seine Tragebox, während du den Stall sauber machst, denn dort ist es sicher. Wenn es nicht regnet, kannst du dein Kaninchen in der Zeit auch in sein Freigehege setzen. Vergiss nicht, Futterraufe, Futternapf und Wasserflasche aus dem Stall zu nehmen, bevor du mit der Reinigung beginnst.

Denke daran, das alte Papier herauszunehmen

Reinige auch den hinteren Teil des Stalls

2 Kehre mit Schaufel und Besen das alte Stroh, die Holzspäne, die Hasenböhnchen und verdorbenes Futter auf. Trage dabei Gummihandschuhe. Nimm das Unterlegpapier heraus und wirf es in die Mülltonne.

Schrubbe nicht zu fest, sonst beschädigst du das Holz

3 Benutze die Bürste, um alle Überbleibsel vom Boden oder von den Wänden des Stalls zu entfernen. Die Ecken werden am schmutzigsten sein. Kehre alles mit Schaufel und Besen zusammen.

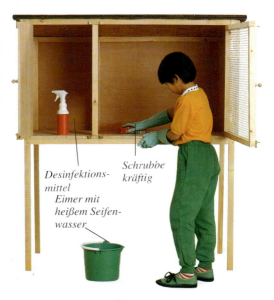

Desinfektionsmittel
Schrubbe kräftig
Eimer mit heißem Seifenwasser

Vollständig sauber
Schrubbe einmal in der Woche das Innere des Stalls mit heißem Seifenwasser. Spüle mit klarem Wasser nach und besprühe das Stallinnere mit Desinfektionsmittel. Danach lass den Stall gut trocknen.

Abwasch
Wasche den Futternapf gut aus. Trockne ihn mit einem Papiertuch.

Säubere den Futternapf mit einem Lappen

Heuwechsel
Entferne alles Heu, das dein Kaninchen nicht gefressen hat. Aber wirf es nicht weg. Du kannst es noch als Unterlage für den Schlafplatz verwenden. Fülle frisches Heu in das Gestell.

Reinigung des Trinkröhrchens
Vergewissere dich, dass die Trinkröhre nicht verstopft ist. Reinige sie mit der Tüllenbürste. Dann schüttle die Röhre. Dabei musst du hören, wie sich die kleine Kugel bewegt.

Schiebe die Bürste in die Röhre

Drehe die Bürste, um die Wände zu säubern

Reinigung der Wasserflasche
Gieße heißes Seifenwasser in die Flasche. Schrubbe das Innere mit der Flaschenbürste. Spüle die Flasche gut mit klarem Wasser aus, bevor du sie wieder mit kaltem frischem Wasser füllst.

Fellpflege

Im Fell deines Kaninchens bleiben Schmutz und Stroh stecken. Im Frühling und im Herbst haart sich dein Kaninchen und bekommt ein neues Fell. Das nennt man Haarwechsel. Um sich sauber zu halten, putzt sich dein Kaninchen selbst. Du kannst ihm dabei helfen, wenn du es täglich bürstest. Dadurch gewöhnt sich dein Tier auch besser an dich. Wenn du ein Kaschmir- oder Angorakaninchen hast, musst du sein Fell vorsichtig mit der Bürste entwirren.

Die Pfoten werden angefeuchtet, wie mit Seife, um das Gesicht zu putzen

Sauber geleckt
Ein Kaninchen verbringt viel Zeit mit seiner Fellpflege. Es benutzt seine Vorderzähne wie einen Kamm, um Schmutz herauszuholen, und seine Zunge wie einen Waschlappen. Sein Gesicht wäscht es mit den Vorderpfoten.

Kurzhaarpflege
Du pflegst dein Kurzhaarkaninchen, indem du das Fell auf seinem Rücken vom Kopf weg bürstest. Danach bürste seinen Bauch und die empfindliche Partie unter seinem Kinn. Dann kämme alles in derselben Reihenfolge.

Vergiss nicht das Fell an den Ohrenspitzen deines Angorakaninchens

Bürste einen Körperteil nach dem anderen

Rosette für den Besitzer des preisgekrönten Kaninchens

Bürste den Rücken vom Kopf zum Schwanz

Das gepflegteste Kaninchen gewinnt den Preis

Langhaarpflege
Das Fell eines Kaschmir- oder Angorakaninchens kann so verfilzen, dass es öfter gebürstet werden muss. Beginne mit einem Körperbereich. Bürste das Haar, dann kämme es, dann bürste es noch einmal. Dann kommt der nächste Körperteil.

Hochheben eines großen Kaninchens

Knie dich vor dein Kaninchen hin

1 Bevor du ein großes Kaninchen hochhebst, breite vor ihm ein Handtuch auf dem Boden aus. Setze dich neben das Handtuch. Schiebe dein Kaninchen sanft auf das Handtuch.

Streichle und beruhige dein Kaninchen, sodass es sich sicher fühlt

Lege ein großes Handtuch flach auf den Boden

Das Kaninchen sitzt mit dem Gesicht zu dir vor deinen Knien

Schlage die Enden des Handtuchs um dein Kaninchen

Streichle dabei dein Tier immerzu, damit es nicht unruhig wird

Schiebe deinen schwächeren Arm unter den Bauch

Schiebe deinen stärkeren Arm unter das Hinterteil

2 Schlage die Handtuchenden über den Rücken deines Kaninchens. Sorge dafür, dass jeder Körperteil außer Gesicht und Ohren eingewickelt ist. Dein Kaninchen wird sich so sicher fühlen. Außerdem kann es nicht zappeln, wenn du es hochhebst.

3 Hebe dein Kaninchen hoch. Lege dabei eine Hand unter sein Hinterteil und die andere unter seinen Bauch. Wenn du es hochgehoben hast, halte es nahe am Körper. Stehe erst dann auf, wenn du sicher bist, dass sich dein Kaninchen wohl fühlt.

Die Kaninchensprache

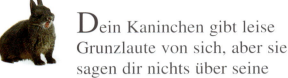

Dein Kaninchen gibt leise Grunzlaute von sich, aber sie sagen dir nichts über seine Stimmung. Wenn sich dein Kaninchen fürchtet, quiekt es. Es warnt andere vor Gefahren, indem es mit seinen Hinterbeinen auf den Boden trommelt. Ein Kaninchen findet viel durch Schnuppern heraus. Es kann sogar am Geruch eines anderen Kaninchens ablesen, ob es Freund oder Feind ist. Beobachte dein Tier und bald schon wirst du verstehen, was es ausdrücken will.

Fast geschlossene Augen

Miteinander kuscheln
Kaninchenkinder sind sehr freundlich zueinander. Die Geschwister kuscheln sich in einem Haufen zusammen, wenn sie schlafen. Dadurch wärmen sie einander.

Kaninchen beschnuppert das Kinn seines Freundes

Eigentum markieren
Dein Kaninchen markiert mit seinem besonderen Geruch, der auf seiner Haut erzeugt wird, alles in seinem Stall und seinem Freigehege. Wenn dein Kaninchen einen Spielgefährten hat, reibt es sich an dessen Kinn, um seinen Geruch zu hinterlassen.

Aufgestellte Ohren, um zu lauschen

Augen halten nach Gefahren Ausschau

Ausguck
Wenn dein Kaninchen ein unbekanntes Geräusch hört, stellt es sich wegen des Überblicks auf seine Hinterbeine.

Aufrecht kann ein Kaninchen weiter sehen

Die besten Freunde
Dein Kaninchen wird dir zeigen, dass du sein Freund bist. Es reibt seinen Kopf an dir, um seinen besonderen Geruch an dir zu hinterlassen. Vielleicht wäscht es dich sogar mit seiner Zunge.

Zutrauliches Kaninchen leckt deine Finger

Das Kaninchen sitzt gerne auf deinem Schoß

Bei Gefahr

Wenn eine Kaninchenmutter denkt, dass ihre Jungen in Gefahr sind, stellt sie sich vor sie. Wenn sie beunruhigt ist, trommelt sie mit den Hinterläufen auf den Boden. Das sagt den Kaninchenkindern und anderen Artgenossen, dass sie sich schnell verstecken sollen.

Die Kaninchenmutter beschützt ihre Kinder mit ihrem Körper

Hinterlauf trommelt auf den Boden

Ängstliches Kaninchen dreht den Kopf voll Furcht weg

Kämpferisches Kaninchen starrt den Feind an

Auge in Auge mit dem Feind

Ein Kaninchen kann mit einem anderen Streit bekommen. Es wird seinem Feind direkt ins Gesicht schauen, um ihm zu zeigen, dass es verärgert ist.

Stärke zeigen

Wenn das ängstliche Kaninchen nicht wegrennt, werden beide Kaninchen den Boden mit ihren Vorderpfoten aufkratzen. Vielleicht springen sie sich gegenseitig an.

Krallen kratzen den Boden auf

Kopf weicht dem Biss aus

Zähne greifen nach dem Gegner

Hinterbein kann treten

Der Kampf

Wenn sich keiner vertreiben lässt, beginnt der Kampf. Sie greifen an und versuchen, den Feind in den Nacken zu beißen.

Der Verlierer

Das schwächere Kaninchen rennt weg, wenn es besiegt wurde. Es wird den Geruch seines Gegners niemals vergessen. Wenn es ihn wieder riecht, wird es fortlaufen.

Kaninchenfreunde

Dein Kaninchen wird sich ohne Freunde sehr einsam fühlen. In der Wildnis leben Kaninchen in Gruppen in einem großen Bau miteinander. Aber wenn zwei Kaninchen in einem kleinen Stall gehalten werden, kämpfen sie vielleicht miteinander. Wenn du keinen großen Stall für zwei Kaninchen hast, bist immer noch du der beste Freund für dein Haustier.

Am besten Schwestern!
Du kannst zwei Kaninchen zusammen halten, wenn es zwei Schwestern sind. Zwei Schwestern aus einem Wurf werden am besten miteinander auskommen. Du musst einen sehr großen Stall für sie haben und ein großes Freigehege.

Der Kaninchenvater kümmert sich nicht um die Jungen

Die Kaninchenfamilie
Halte nicht eine Häsin und einen Rammler in einem Stall, es sei denn, du willst, dass sie Junge bekommen. Kaninchen unterschiedlichen Geschlechts, die in einem Stall zusammenleben, werden die meiste Zeit kämpfen.

Kaninchenkinder trinken bei ihrer Mutter Milch

Ein Kaninchen für jeden
Wenn dein Bruder oder deine Schwester auch ein Kaninchen bekommt, sollte es einen eigenen Käfig haben, es sei denn, beide Kaninchen sind Weibchen und noch jung. Du musst viel Zeit mit deinem Tier verbringen, damit es sich nicht einsam fühlt.

Du kannst der beste Freund deines Kaninchens sein

Streichle dein Kaninchen nicht gegen den Strich

Nimm dein Kaninchen schnell hoch, wenn es sich fürchtet

Dein Kaninchen mag es, wenn du es streichelst

Das Kaninchen beschnuppert den Hund neugierig

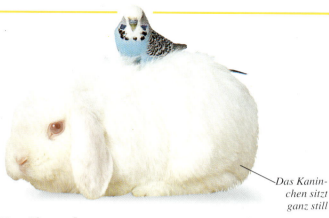

Das Kaninchen sitzt ganz still

Vogelfreund
Ein kleiner Vogel, wie zum Beispiel ein Wellensittich, kann sich mit deinem Kaninchen anfreunden. Dein Kaninchen weiß genau, dass der winzige Vogel zu klein ist, um ihm etwas zu tun.

Treffen mit einem Hund
Du kannst dein Kaninchen mit einem gut erzogenen Hund zusammenbringen, aber lass die beiden nie miteinander allein. Halte Katzen und Kaninchen fern voneinander. Deine Katze wird das Kaninchen angreifen und zu Tode erschrecken.

Streichle den Hund, um ihn zu beruhigen

Halte die Leine gut fest

Trennungen

In den Ferien
Du kannst dein Kaninchen nicht immer mitnehmen, wenn du verreist. Du musst jemanden finden, der sich um dein Tier kümmert. Vielleicht hast du einen Freund, der auch ein Kaninchen besitzt und sich während deiner Abwesenheit um deines kümmern kann.

Erinnerungsliste
Schreibe alle wichtigen Arbeiten auf, die täglich erledigt werden müssen, und zwar in der richtigen Reihenfolge. Dein Kaninchen hat sich daran gewöhnt und wird durch eine Änderung vielleicht verunsichert. Notiere Namen und Telefonnummer deines Tierarztes.

Kaninchengepäck
Stelle alles Nötige für deinen Freund zusammen. Sorge für genügend Futter, Streu und Heu, denn es muss reichen, bis du wiederkommst. Vergiss nicht die Utensilien für Fellpflege und Reinigung.

Dein Kaninchen verreist
Bringe dein Kaninchen in seiner Tragebox, einem Drahtkäfig oder seinem Wohnungskäfig zu deinem Freund. Nimm auch den Freiauslauf mit, wenn dein Freund keine Möglichkeit hat, dein Kaninchen frei laufen zu lassen.

Das Wohnungskaninchen

Du kannst dein Kaninchen in der Wohnung halten, wenn ihr keinen Garten habt. Es wird einen Käfig brauchen, in dem es schlafen kann, und eine Katzenkiste als Klo. Die meiste Zeit sollte dein Kaninchen frei herumlaufen dürfen. Halte nur dann zwei Kaninchen zusammen in der Wohnung, wenn sie Freunde sind (s. S. 34). Jedes von ihnen muss einen eigenen Käfig zum Schlafen haben. Wenn du bereits andere Haustiere hast, sei vorsichtig – vielleicht wollen sie mit deinem Kaninchen keine Freundschaft schließen.

Sauberkeitserziehung
Du musst deinem Kaninchen beibringen, in der Kiste seine Geschäfte zu machen, oder es wird sich seine Ecken selbst aussuchen. Setze es alle paar Minuten in die Kiste. Dein Kaninchen wird bald lernen, selbstständig in die Kiste zu gehen.

Bedecke den Kistenboden mit Katzenstreu

Plastikfolie

Ungezogenes Kaninchen
Dein Kaninchen versucht vielleicht Möbel und andere Gegenstände in der Wohnung anzuknabbern oder zu zerkratzen. Wenn du dein Kaninchen dabei erwischst, sage mit lauter Stimme „nein". Wenn es trotzdem nicht damit aufhört, besprühe es mit etwas Wasser.

Erziehe dein Kaninchen

Das Kaninchen beschnuppert neugierig das Sofa

Das Kaninchen versucht, die Blätter anzufressen

Käfig zum Schlafen für ein Kaninchen

Käfig für drinnen

Dein Kaninchen wird nachts in einem Käfig schlafen. Kaufe den größten Käfig, den du bekommen kannst. Lege den Boden mit Papier aus, dann streue Holzspäne und Stroh darüber. Stelle den Käfig in eine sichere Ecke, wo andere Haustiere nicht hinkommen. Du musst den Käfig jeden Tag säubern.

Setze dein Kaninchen vorsichtig in seinen Käfig

Befestige eine Flasche mit frischem Wasser am Gitter

Heu zum Fressen

Sorge dafür, dass dein Kaninchen keine elektrischen Kabel erreichen kann

Gefahren im Haus!

Elektrische Kabel können angenagt werden

Scharfe Gegenstände können dein Tier verletzen

Einige Hunde jagen Kaninchen (s. S. 35)

Heiße Getränke können umfallen und dein Tier verbrühen

Schließ die Türen, damit dein Kaninchen nicht wegläuft

Pass auf, dass niemand auf dein Kaninchen tritt

Immer beschäftigt

Dein Kaninchen ist sehr unternehmungslustig. Es bleibt gesund, wenn es im Haus spielen darf. Du solltest dein Kaninchen so oft wie möglich frei herumlaufen lassen. Beobachte es immer, damit es nichts anstellen kann und damit ihm nichts passiert.

Kaninchenklo mit Katzenstreu

Großer Wassernapf

Napf mit Trockenfutter

Papier zum Schutz des Bodens

Streichle dein Kaninchen, damit es sich an dich gewöhnt

Das Kaninchen sucht nach neuen Entdeckungsmöglichkeiten

Das Kaninchen im Freien

Dein Kaninchen ist gerne draußen. Bitte einen Erwachsenen, dir dabei zu helfen, eine Ecke des Gartens in ein Freigehege zu verwandeln. Vergewissere dich, dass der Drahtzaun fest im Boden verankert ist, sonst kann dein Kaninchen ein Loch unter dem Zaun graben und so entkommen. Stelle den Stall in eine Ecke und lege ein paar Spielsachen davor, damit dein Kaninchen spielen kann. Du solltest dein Kaninchen jeden Tag aus seinem Stall lassen, damit es sich bewegen und Gras fressen kann.

Frisches Gras
Du kannst den oberen Teil deines Kaninchenkäfigs als kleines Freigehege benutzen. Dein Kaninchen wird den Grasfleck bald abgefressen haben, deshalb musst du den Käfigdeckel oft umstellen. Pass immer auf dein Kaninchen auf, wenn es draußen ist.

Holzplatte als Schutz vor Sonne und Regen

Maschendraht verhindert, dass dein Kaninchen wegläuft

Wasserflasche

Schlage die Pflöcke mit dem Hammer ein

Der versetzbare Auslauf
Dein Kaninchen frisst gerne jeden Tag frisches Gras. Du kannst einen Freiauslauf bauen oder kaufen. Setze dein Kaninchen jeden Tag hinein, damit es grasen kann. Denke daran, den Holzrahmen mit Pflöcken im Boden zu befestigen, damit dein Kaninchen ihn nicht hochheben oder umstoßen kann und damit andere Tiere nicht hineingelangen können. Verändere die Stellung des Auslaufs jeden Tag, damit dein Kaninchen immer frisches Gras knabbern kann.

Erdhügel

Steine sind interessante Entdeckungsobjekte

Verstecke Futter im Blumentopf

Das Freigehege

Es macht Spaß, dein Kaninchen in seinem Freigehege zu beobachten. Wenn du zwei Kaninchen hast, brauchen sie vielleicht zwei Ställe innerhalb des Freigeheges (s. S. 17). Wenn du nicht auf dein Kaninchen aufpassen kannst, bedecke das Freigehege mit Maschendraht, damit keine anderen Tiere hineingelangen können.

Vorsicht vor diesen Gefahren!

Katzen können in das Freigehege springen

Raubvögel können herabstoßen

Unkrautvernichtungsmittel im Gras sind giftig

Hunde erschrecken dein Kaninchen

Einige Pflanzen sind giftig

Schütze das Freigehege vor schlechtem Wetter und Sonne

Drahtzaun umgibt das Freigehege

Maschendraht lässt frische Luft hinein und hält Gefahren ab

Plastikplane, um Regen abzuhalten

Rampe zum Hinunterklettern

Frisches Gras

Füttere dein Kaninchen aus der Hand

Kaninchennachwuchs

Genauso wie eine Frau Kinder bekommen kann, kann auch eine Häsin Junge bekommen. Überlege es dir gut, bevor du männliche und weibliche Kaninchen zu Zuchtzwecken zusammen hältst. Du musst für jedes junge Kaninchen ein gutes Zuhause finden. Es können bis zu acht Junge in einem Wurf sein. Der Tierarzt kann dein Kaninchen kastrieren. Dann kann es keine Jungen mehr bekommen.

Geschlossene Augen

Das Fell beginnt zu wachsen

Vier Tage altes Kaninchen

1 Wenn ein Kaninchen auf die Welt kommt, kann es weder sehen noch hören. Es hat einen ausgeprägten Geruchssinn, damit es seine Mutter finden und bei ihr trinken kann. Nach vier Tagen beginnt sein Fell zu wachsen.

2 Zwei Wochen alte Kaninchen trinken Milch von ihrer Mutter. Mit der Milch bekommen sie alles, was sie brauchen, um zu wachsen. Die Kaninchenmutter lässt ihre Jungen normalerweise nur einmal am Tag ungefähr fünf Minuten lang trinken. Dann lässt sie sie allein im Nest, das sie für die Kleinen gebaut hat.

❧ Verantwortungsvoller Besitzer
Vielleicht stellst du es dir ganz lustig vor, wenn dein Kaninchen Junge bekommt. Aber vergiss nicht, dass diese knuddeligen, kleinen, flauschigen Wesen bald groß sein werden. Du musst für jedes von ihnen ein neues Zuhause finden.

Die Kaninchenmutter passt auf

Offene Augen

Lange Kaninchenohren

Die Jungen suchen die Milchquelle

Verspieltes Kaninchen klettert auf das andere

Kaninchen kuschelt sich an die anderen

Kaninchen schnuppert nach Gerüchen

3 Im Alter von fünf Wochen verlassen die Kaninchen ihre Mutter. Sie können jetzt feste Nahrung fressen. Sie spielen miteinander. Wenn sie müde sind, kuscheln sie sich aneinander, um sich zu wärmen. Bald schon können sie von ihren neuen Besitzern abgeholt werden.

4 Wenn ein Kaninchen fünf Monate alt ist, sieht es schon fast ausgewachsen aus. Sowohl männliche als auch weibliche Kaninchen können jetzt bereits eine eigene Familie gründen. Trenne sie voneinander, es sei denn, du willst, dass sie sich vermehren.

Dickes und glattes Fell

5 Wenn ein Kaninchen älter wird, wird sein Körper rundlicher und seine Hinterbeine kräftiger. Es braucht einen Freund. Du kannst sein bester Freund werden oder es mit einem anderen Kaninchen in einem sehr großen Stall halten (s. S. 17).

Streichle dein Kaninchen, damit es merkt, dass du sein Freund bist

Kräftiges Hinterbein

41

Gesundheitsvorsorge

Du musst gut für dein Kaninchen sorgen, damit es gesund bleibt. Du musst ihm das richtige Futter geben (s. S. 24), es gut pflegen (s. S. 30) und dafür sorgen, dass es genügend Platz zum Herumspringen hat. Außerdem musst du jeden Tag ein paar einfache Untersuchungen mit ihm durchführen. Du wirst schnell lernen festzustellen, wenn es deinem Kaninchen nicht gut geht. Wenn du meinst, dass irgendetwas nicht in Ordnung ist, bringe es zum Tierarzt.

Streiche das Fell zurück

1 Prüfe, ob das Fell deines Kaninchens in Ordnung ist. Am einfachsten geht das, wenn du dein Tier bürstest. Streiche das Fell zurück, damit du die Haut betrachten kannst. Das Fell sollte weich sein und sauber riechen. Vergiss nicht, den Bauch anzuschauen und auch unter den Stummelschwanz zu sehen.

Ziehe vorsichtig das Ohr zurück

2 Untersuche die Ohren deines Kaninchens. Halte das Ohr ganz vorsichtig zwischen den Fingern. Schaue in die Öffnung hinein. Das Ohr sollte sauber sein. Wenn es riecht, könnte dein Kaninchen krank sein.

3 Untersuche die Augen deines Kaninchens. Eine helle Lampe wird dir dabei helfen. Die Augenlider sollten weit geöffnet sein. Jedes Auge sollte klar und glänzend sein und keine Tränen in den Ecken haben.

Lege deinen Daumen über das Auge

Ziehe vorsichtig die Lippen zurück, um die Zähne zu kontrollieren

4 Untersuche die Vorderzähne deines Kaninchens. Sie müssen gerade, sauber und ganz weiß sein. Wenn du meinst, sie seien zu lang, geh zum Tierarzt.

Halte die Ohren sanft auf dem Rücken fest, damit dein Kaninchen nicht herumzappelt

Kralle ist zu lang

Kralle hat die richtige Länge

5 Kontrolliere jede Pfote einzeln. Schau zwischen die Zehen und unter die Pfoten auf die Fellpolster. Vergewissere dich, dass nichts im Fell steckt. Vergiss nicht zu prüfen, ob die Krallen die richtige Länge haben.

Nimm die Pfote zwischen Daumen und Finger

Wiege dein Kaninchen

Wiege dein Kaninchen jede Woche am gleichen Tag und zur gleichen Zeit. Schreibe das Gewicht auf. Säubere die Waage anschließend sorgfältig. Wenn dein Kaninchen abgenommen oder zugenommen hat, könnte es krank sein oder zu wenig Bewegung haben.

Lege Papier auf die Waagschale

Gewichtsanzeige

Pflegeliste für dein Kaninchen

Benütze diese Liste, um Buch zu führen über all die Arbeiten, die du verrichten musst

Kopiere diese Liste. Hake jeden Posten ab, wenn du ihn erledigt hast.

Jeden Tag:
Füttere dein Kaninchen
Fülle die Heuraufe
Wasche und fülle die Wasserflasche
Reinige die Näpfe
Wechsle die Einstreu
Ersetze Papier und Holzspäne
Bürste dein Kaninchen
Untersuche das Fell
Untersuche die Augen und Ohren
Untersuche die Zähne
Untersuche die Krallen
Lass es grasen

◆

Einmal die Woche:
Schrubbe den Stall
Wiege dein Kaninchen
Säubere das Freigehege

◆

Alle sechs Monate:
Impfungen

◆

Einmal im Jahr:
Bringe dein Kaninchen zur Untersuchung zum Tierarzt

Besuch beim Tierarzt

Der Tierarzt und die Arzthelferinnen möchten, dass dein Kaninchen gesund und glücklich bleibt. Sie werden dir sagen, wie du richtig für dein Kaninchen sorgen kannst. Du kannst sie alles fragen, was du wissen willst. Sie werden auch versuchen, deinem Kaninchen zu helfen, wenn es krank ist.

Verband Bandage Erste-Hilfe-Koffer Salzbeutel Kompresse Desinfektionsmittel Watte Pflaster Schere

Erste-Hilfe-Ausrüstung
Du kannst eine spezielle Erste-Hilfe-Ausrüstung für dein Kaninchen vorbereiten. Die Arzthelferin wird dir erklären, wie jedes Teil verwendet wird. Genauso wie du verletzt sich dein Kaninchen manchmal. Die Ausrüstung enthält alles, was du als erste Hilfe für dein Kaninchen brauchst, damit es ihm besser geht, bevor du es zum Tierarzt bringst.

Die Arzthelferin hält dein Kaninchen fest

Mit dem Stethoskop kann man den Herzschlag deines Kaninchens hören

Die Arzthelferin
Sie hilft dem Tierarzt. Sie weiß eine ganze Menge über Kaninchen. Wenn du irgendwelche Fragen wegen deines Kaninchens hast, rufe die Arzthelferin an.

Der Tierarzt
Der Tierarzt untersucht dein Kaninchen. Wenn es krank ist, wird er dir sagen, was getan werden muss, damit es wieder gesund wird. Manchmal gibt er dir Medizin für dein Kaninchen mit.

Mein Kaninchen

Mach dir einen Kaninchen-Fragebogen. Kopiere diese Seite, aber du kannst dir auch ein eigenes Muster anfertigen. Dann trage die richtigen Daten deines Kaninchens ein.

Weißer Streifen
Brauner Rücken
Flauschiger Schwanz
Lange braune Ohren
Bewegliche Nase

Lass Platz für ein Foto oder male ein Bild von deinem Kaninchen. Notiere alle besonderen Kennzeichen deines Kaninchens.

Name:

Geburtstag:

Gewicht:

Lieblingsgemüse:

Lieblingsspiel:

Tierarzt:

Arzthelferin:

Telefonnummer des Tierarztes:

Impfungen
Dein Kaninchen kann sich bei anderen Tieren anstecken, wenn es im Freien ist. Damit es nicht krank wird, lass es alle sechs Monate impfen.

Register

A
Angorakaninchen 15, 30
Ast zum Nagen 16, 25
Augen 11, 21, 42
Auslauf im Freien 19, 38

B
Beine 10, 11, 13, 33
Blume 10, 11
Bürsten 18, 30

E
Einstreu 16, 18, 19, 36
Erste-Hilfe-Ausrüstung 44

F
Fell 10, 11, 14, 15, 21, 30, 42
Ferien 35
Freigehege 38-39
Futter 16, 24, 26-27
Futternapf 17, 28, 29
Futterraufe 16, 28, 29
Fütterung 16, 24-25, 26-27

G
Gefahren 37, 39
Geruch 32
Geschlecht 22
Gesundheit 21, 22, 42-43, 44
Gras 24, 26, 38
Größe 14, 20

H
Haarwechsel 30
Halten eines Kaninchens 21
Hase 13, 14
Hasenböhnchen 25
Hasenfamilie 10, 13
Hasentiere 13
Häsin 12, 20, 21, 22, 34, 40, 41
Heu 16, 23, 24, 28, 29
Hochnehmen eines Kaninchens 23, 31
Holzspäne 16, 22, 28, 37

J
junge Kaninchen 20, 33, 34, 40-41

K
Käfig 17, 36, 37, 38
Kamm 18, 30
Kaninchenbau 12-13
Kaninchenfreunde 32, 34-35
Kaninchenhöhle 12-13
Kaninchenwahl 20-21, 34
Kaschmirkaninchen 15, 30
Kastration 40
Krallen 11, 43

M
Milch 10, 34, 40

N
Nest 12, 16, 22, 37

O
Ohren 10, 11, 13, 14, 21, 42

P
Pflege 18, 30
Pfoten 11, 13, 30, 43

R
Rammler 20, 22, 34, 41
Rassen 14-15

S
Salzleckstein 17, 22
Sauberkeit 19, 28-29
Sauberkeitserziehung 36
Schnuppern 11, 32, 40
Spielen 37, 38, 39
Stall 16-17, 22-23, 28-29, 39
Stroh 16, 22, 28, 37
Stummelschwanz 10, 11

T
Tasthaare 11
Tierarzt 22, 40, 42, 43, 44
Tragebox 18, 21, 23, 28
Trinkröhre 17, 29

V
Verhalten 32-33

W
Wasser 25
Wassertränke 17, 22, 25, 29, 37
Wiegen eines Kaninchens 18, 43
Wildkaninchen 12-13, 14, 15, 25, 25
Wildkräuter 24, 26
Wohnungskaninchen 17, 18, 36-37

Z
Zähne 10, 11, 16, 24, 25, 30, 43
Zitze 34